Positive Quotes Latinos

Latinos Positivos ante el Cambio

Nery Román

ISBN-13:
978-1726381390

ISBN-10:
1726381390

Love yourself and don't be afraid to
express who you are ...
Be a proud latino!

Amate a ti mismo, y no tengas miedo de
expresar quién eres…
Orgullo Latino.

Your positive action joint with positive thinking causes success…Together Latinos

Tus acciones positivas juntas con tus pensamientos positivos llegan al éxito…Juntos Latinos

Live life to the maximum and
concentrate on the positive…Latin
Power

Vive la vida a lo máximo y concéntrate
en lo positivo… El poder Latino

Stay positive and happy...Latinos

Quédate positive y serás Feliz…Latinos

Each day, I come in with a positive attitude, trying to get better… Latinos

Cada día empieza con una actitud positiva y con ganas de mejorar… Latinos

"Comienza a vivir, contando cada día
separado, como una vida
independiente."

Rompe la rutina y obtendrás lo que quieres en la vida. Latinos

La única manera de evitar el fracaso es
no dejar de intentar cualquier cosa.

No tengas miedo a fallar… así es cómo
lo logras.

Además, es sólo realmente un fracaso si
dejas de tratar.

No seamos celoso o celosas. Los celos
son una emoción destructiva… Latinos

Personas que no son felices se llenan de un vacío emocional a través de las emociones negativas. Sea positivo…
Latino

Se trata de creer en ti Latino, cuando nadie mas lo hace… Viva la libertad de expresión. Latino

Da el primer paso, el miedo no te
seguirá… Latino

Supera el miedo al fracaso visualizando
el peor de los caso. Latino

Cuando somos pensamos en el miedo, negatividades, preocupación, duda, crítica, juicio, ira, frustración, ansiedad, negatividad y otros, no estamos enfocados en lo que queremos.

"¿Cómo vives la vida al máximo?"

"¿Cómo vives la vida al máximo?"

¿Qué has hecho hoy para vivir la vida al
máximo Latino?

Utiliza tus fracasos para aprender de ellos y se mas FUERTE, Latino…

SEA CREATIVO, SIN TENER MIEDO A
LO QUE DIGAN LOS DEMAS

Cuando estamos enfocados en lo que no queremos, todo lo que vemos, nuestras ideas y decisiones se basan en lo que no queremos. Latino

Cuando sabemos lo que queremos, le
damos nosotros mismos la capacidad de
imaginar nuevas posibilidades y generar
ideas sobre cómo ser y qué hacer o decir
en cada momento para que sea una
realidad. Latino…

Efecto poderoso, sobrevivir y prosperar… Latino

Cuando nos enfrentamos a la realidad
de pérdida del empleo, inmigración,
podemos pensar sobre lo que es
importante "nuestras familias," latino…

Cuando todos los miembros de su
familia están felices, esto contribuye a
su éxito individual y a su familia
Latino…

La inversión que hacemos ahora regresa
a nosotros con el doble de bendiciones.

Tenemos una gran tarea porque somos
Latinos…

Mejórate a ti y podrás alcanzar
grandeza y prosperar. Latino…

Mantenga un diario de gratitud…Latino.

Cuenta tus bendiciones Latino....

Se Feliz

Nery Román